AF404458

Poul Jansen & Laila Pallisgaard

Vesterhavets poesi

© 2024 Poul Jansen og Laila Pallisgaard

Redaktion: Poul Jansen og Laila Pallisgaard

Digte: Poul Jansen

Pasteltegninger: Laila Pallisgaard

Foto: Horizon Lab, Hjørring

Grafisk design: Lisa Jakab

Forlag: BoD • Books on Demand GmbH, In de Tarpen 42, 22848 Norderstedt, Tyskland

Tryk: Libri Plureos GmbH, Friedensallee 273, 22763 Hamborg, Tyskland

ISBN: 978-87-4305-910-3

Forord

At kunstens værdi, hvad enten der er tale om litteratur eller billedkunst, skulle afhænge af øjnene, der betragter værket, kan reducere enhver samtale derom til sniksnak og lirumlarum.

Selvfølgelig findes der en indiskutabel kvalitet i al god kunst, der bliver stående som mejslet i granit for eftertiden, men at den er svær at sætte på formel, er ligeså indlysende, men ikke i sig selv noget argument for, at den skulle være relativ.
Tag nu bare denne digtsamling af Poul Jansen med kongeniale illustrationer af Laila Pallisgaard. For dem begge gælder det, at naturen spiller en helt central rolle. Begge har de i kraft af hver deres udtryksform evnen til at bevæge vores følelser og vække vores fantasi med billeder. Begge formidler personlige erkendelser og deraf udsprunget betydning. Kunst er nemlig erkendelse, som det påpeges af K. E. Løgstrup.

Hos begge er naturens skønhed og mangfoldighed som allerede antydet brugt som inspiration, idet farver, former og stemninger foldes ud i deres respektive formsprog, hvorved noget vækkes til live på papiret. Naturen er her både motiv og kilde til følelser og refleksion. Havet, blæsten, brændingen, stranden, daggryet og himlen med solnedgange giver tydeligvis dem begge mulighed for at udforske og udtrykke forbindelsen mellem mennesket og omgivelserne og skaber et udtryk for naturens og universets ubegribelige dybde.

Det kan inspirere, trøste eller udfordre, men stærke digte og billeder som disse er på paradoksal vis vinduer ind til det alment menneskelige og ud mod naturen og dermed universet, som aldrig kun er vores omgivelse, men altid allerede også er vores ophav, for nu tillige at runde af med K. E. Løgstrup.

Vidunderligt nok er denne bog netop som kunst et sådan dobbelt vindue ind til os selv og ud i verden.

Niels Skipper, Nordsøposten

Indholdsfortegnelse

Afskedssang

Dit vindu' lukkes sagte i
i livets aftenstund
jeg mærker svagt dit åndedræt
ud fra din tavse mund
dog hjertet banker stadigvæk
i takt til urets gang
nu lyder stille udenfor
en trækfugls afskedssang

I aftensøvnens ro og fred
du ligger i din seng
og jeg der før var stærk og stor
er kun en lille dreng
du går mod noget fjernt og rigt
gid jeg ku' følge dig
men jeg må vente lidt endnu
før jeg går samme vej

Jeg føler drengen i mig selv
som ingenting forstår
og jeg vil stadig være barn
om jeg blev tusind år
dit vindu' lukkes sagte op
til vænge og til vang
og atter høres udenfor
en trækfugls afskedssang

Aftenfred

Stille solen synker
stille aftenvind
overalt naturen
sover stille ind
stærkt syrenen dufter
spurven går til ro
unge par spadserer
sammen to og to

Stille havets brænding
kysser strandens sand
stille aftenbrisen
stryger over land
sneglehuse glider
langsomt over vej'n
dråber danner pytter
stille sommerregn

Stille åen flyder
tanker ligeså
stille mørket lister
dagen går i stå
turtelduer flyver
væk fra alfarvej
havens glade drossel
leger stilleleg

Stille stille stille
stille aftenfred
lydløst mågen svæver
dagen lukkes ned
stille stille stille
solen sover ind
stille havets hjerte
banker i mit sind

Aldrig alene

Ved havet er man aldrig alene
for altid man følges på vej
af de tanker som går ved ens side
af bølgernes gyngende leg
en tanke jeg tager i hånden
og der går vi langs stranden vi to
mens havets hypnotiske rytme
os skænker befriende ro

Ved havet er man aldrig alene
for brændingen her er min ven
hvert sekund hvert minut er en gave
som aldrig vil komme igen
man takker for livet herude
og for blæsten og himmelens hvælv
her sjælen og sindet de mødes
og danser en vals i en selv

Ved havet er man aldrig alene
for altid man følges på vej
af en måge der flyver mod vinden
mens vingerne vinker til mig
og skarven på toppen af stenen
lidt forfængelig netter den sig
mens fjerdragten tørres derude
velsigner den havet og mig

Badeklubben

Som måger vi flyder på vandet
og sølverstænk præger vort hår
her ligger vi sommer og vinter
ved høsttid men også ved vår
vor vægtløse tilstand gør dage
som ellers kan føles lidt tunge
så yndefuldt lette som fjeren
vi bar som uskyldige unge

Som måger vi flyder på vandet
og føler igen denne streng
som bragte os strømmen til livet
til pige såvel som til dreng
blandt bølger vi føler os trygge
som barnet i moderens mave
som voksne vi flyder som måger
på åbne og stormfulde have

Som måger vi flyder på havet
som mågerne hæse og grå
vi prøver at gribe de strømme
som hænderne dårligt kan nå
i strandkanten står vore kroppe
let rynkede nøgne og våde
vi ser på at mågerne letter
så smukke så unge så kåde

Bag horisonten

Der fødes et solglimt
uden smerte mod øst
og vi mærker dets latter
som rammer vort bryst
det er tid til at glædes
skønt vi bare er fnug
det er tid til at smage
på daggryets dug
på den glødende himmel
se det rejser sig op
dette nyfødte solglimt
som fylder min krop

Da høres en drossel
hør den synger så kønt
mens den omfavner gryet
der klæ'r sig i grønt
men en dag skal det visne
og vil miste hvert blad
og vor drossel skal fly fra
den gren hvor den sad
der er sorger og tårer
der er tid til at le
der er tid til at føle
at høre og se

Når dagen forsvinder
og vi selv går på hæld
da vi bukker ærbødigt
og siger farvel
det er tid til at skilles
vores verden og jeg
og jeg følges med lyset
der skal samme vej
på den glødende himmel
hvor solen går ned
går vi bag horisonten
hvor vi finder fred

Barn på ny

Dagen fødes østerude
favner hav og land og by
lyset kommer os i møde
fra en smuk og rødlig sky
som et barn med fuglestemme
starter dagens milde røst
og i kor med havens fugle
synger hjertet i mit bryst

Dagen fylder sine lunger
fuglesangen tager til
som et kæmpestort orkester
er vor verden nu i spil
og fra havet taler bølgen
om en tidløs evighed
som den ser når blot den kigger
imod himmelrummets fred

Fuglesang og fuglekvidder
hanegal og hundeglam
barnegråd og barnelatter
altings vægt i kilogram
livet vejer mest i brystet
der hvor vores hjerte bor
vægtløs det er håbets gave
skænket alle dem som tror

Fuglestemmen atter daler
hjertet hvisker i mit bryst
midt i havets brus og brænding
verden ånder ganske tyst
lyset vinker os til afsked
fra en smuk og rødlig sky
dagen slutter som den fødtes
med at blive barn på ny

Blæstens efterårsgæld

Det blæser det stormer
det hyler derude
og brændingen hvæser
fra gry og til kvæld
det knager i sindet
det knager i sjælen
når blæsten betaler
sin efterårsgæld

Skønt våren er kommet
skønt lærkerne synger
er vejret mig utro
for endnu engang
her gik jeg og fyldte
mit hjerte med forår
mens efterårsvinde
mig atter betvang

Jeg knytter min næve
skønt lidt det dog hjælper
mod uvejrets toner
som tordner i vest
da viser sig lynet
som bor i mit hjerte
den strømpil der rammer
den stridsomme blæst

Så ti dog I vinde
lad brændingen hvile
lad våren i hjertet
på ny mærke fred
lad lærkernes vinger
vibrere i luften
og bringe den brise
vi fryder os ved

Blåfuglens blafrende vinger

Der svæver en smerte
på blafrende vinger
en blåfugl som sender
sit sidste farvel
der svæver en smerte
en ømhed før mørket
et lysglimt af dagen
som snart går på hæld

Der svæver en smerte
små snefnug der smelter
når smukke krystaller
i hast svinder bort
der svæver en smerte
når solsortens trille
den har det som våren
og blot varer kort

Der svæver en smerte
når lyset forsvinder
bag skyen der bringer
os uvejr og regn
der svæver en smerte
en fugtmættet tåge
når sneglen på vandring
går tabt midt på vej'n

Der svæver en smerte
en ømhed der lindres
af lysglimt når dagen
vor blomstrende ven
i daggryets time
på ny skænker lyset
os blåfuglens vinger
som blafrer igen

Blandt nattemørkets stjerner

Et vokslys brænder sagte
men dog for hastigt ned
dets smukke flamme får en
alt for tidlig fred
der dannes lange skygger
hvis liv er ganske kort
de svinder lissom lyset
og går med dette bort

En sangfugl kaster triller
mod gryets gyldne glød
de følger solens rejse
ned i havets skød
en sangfugls spor i hjertet
dens spor i sjæl og sind
bli'r støv i skumringstimen
små fnug i aftenvind

En sangfugl kaster triller
et vokslys brænder ned
et levet liv får ofte
alt for hurtigt fred
når uret går mod midnat
snart høres klokkens klang
blandt nattemørkets stjerner
vi synger vores sang

Blomsternes yndige stemmer

En solstråle rammer mit hjerte
nu går vi mod lyset igen
en vintergæk står i vor have
den siger at jeg er en ven
jeg hører dens smittende latter
jeg rækker men plukker den ej
men takker i stedet for blomsten
for æren den her viser mig

Jeg hører nu blomsten den nynner
med vinden vi driver mod vår
hvor er det i sandhed en glæde
når blomsternes sprog man forstår
en lille erantis fortæller
den dukkede frem fra sit skjul
således vi alle ka' skue
at den lissom solen er gul

Violen er ivrig og stammer
at snart er det vå-vå-vå-vår
jeg smiler og viser med blikket
jeg også violen forstår
da ser jeg den smiler tilbage
og hastigt mit hjerte det slår
da atter jeg hører dens stemme:
Jeg kommer jo hve-hve-hvert år

Det eneste sprog her i verden
vi alle forstår hvis vi vil
er blomsternes yndige stemmer
når våren igen er i spil
vi vugger med blomster i vinden
og hjertet bli'r glad i vort bryst
når koret af blomster de synger
vor sol op derude mod øst

Blomstersproget

Der ligger hundred blomster
på kistens hvide låg
som alle sammen taler
et kønt poetisk sprog
små sætninger de danner
om minder ofte gemt
i sindets dybe gange
og derpå hurtigt glemt

Nu vækkes de til live
endskønt du selv går bort
den tid vi havde sammen
var smuk men alt for kort
vi plukkede de blomster
som sidenhen vi bandt
nu vender de tilbage
fra hvor de før forsvandt

Jeg takker for den rose
du satte i mit hår
for alle livets blomster
der visner og forgår
jeg takker for den sidste
en sød forglemmigej
den gemmer jeg i hjertet
et minde helt for sig

Her på din sidste rejse
jeg ønsker dig god vind
og takker for det venskab
du satte i mit sind
indtil den dag den kommer
hvor jeg skal følge dig
da vil du altid være
den bedre del af mig

Børn af vestenvinden

Vi er børn af vestenvinden
langs med havets viltre kyst
der hvor klitplantagers graner
vender blikket stik mod øst
hvor de søger imod lyset
imod gryets gyldne glød
før det ender som den flamme
som går bort i havets skød

Vi er børn af vestenvinden
ven med bølgen den har skabt
ven med marehalm og havtorn
og med hybenrosens pragt
mangt et mågeskrig fra oven
har sat drømme i vort sind
mangt et sandkorn har i stormen
sat sit mærke på vor kind

Vi er børn af vestenvinden
født i lyngens smukke land
født hvor fjerne horisonter
skaber håb blandt fygesand
havets mange stærke strømme
løber hastigt i vort blod
hvor de værner om de længsler
som vor ungdom efterlod

Vi er børn af vestenvinden
her hvor røn og revling bor
præget af det lys som skabes
langs med havet højt mod nord
barn af blæst og storm og kuling
som fik sæde i vort bryst
hvor de danner kor med hjertet
og med bølgens smukke røst

Dagens gang

Det dufter af maj i mit hjerte
det smager af vår i mit sind
en lærke just sender sin trille
med den nordlige saltmætte vind
jeg mærker at trillen sig nærmer
og rammer med ynde mit bryst
jeg ta'r den i hånden og vandrer
langs den dejlige Vesterhavskyst

På sådan en dag synger solen
fra himlen så klar og så blå
jeg ser at der nu er to lærker
det kan høres de skønner derpå
der mærkes en svalende brise
en hilsen til os helt fra nord
jeg snuser til luften på stranden
hvor jeg sætter i sandet små spor

Mod aften har nordvinden lagt sig
og havet som den ligger ned
jeg hører langt borte en trille
men så er her en pludselig fred
selv brændingen ligger og blunder
mens dagen den reder sin seng
snart mørket vil sænke sin dyne
over hav over mark over eng

En havfugl på vej over havet
er nu blot en svindende prik
en tanke jeg sender til fuglen
og jeg mærker i hjertet et stik
mens solen os langsomt forlader
bag kimingens glitrende skød
hvor evighedslyset begynder
skænker dagen til natten sin glød

Dansen med dig

Når lyset det vækker
det slumrende gry
da griber jeg ord
fra den regntunge sky
lissom dråber de falder
jeg styrter af sted
for at vælge de ord som
jeg helst bringer med
i den slumrende morgen
iblandt dråber i leg
iført regnspovevinger
du danser med mig

Når havet det spiller
en køn melodi
da griber jeg ord
som jeg gemmer deri
og når brændingen bruser
og omfavner mig
se da tænker jeg altid
og bare på dig
med et bankende hjerte
iblandt bølger i leg
iført havfuglevinger
du danser med mig

Når vinden den suser
i grantræets top
da griber jeg ord
som jeg kaster derop
og jeg ser at du griber
tre velkendte ord
samt to øjne der siger
det gør ikke spor
mellem vuggende grene
gennem vindpust i leg
iført sangfuglevinger
du danser med mig

Når natten den kommer
så mørk og så sort
da griber jeg ord
som jeg blot kaster bort
visse ord der som dråber
har vædet din kind
ser vi nu flyve bort med
den vestlige vind
på den dragende himmel
iblandt stjerner i leg
iført natfuglevinger
du danser med mig

De ligger derude

De ligger derude og vugger
langs kimingens knivskarpe kant
disse håb disse drømme og længsler
som ud over havet forsvandt
mens sollyset synker og sukker
mens dagen på ny går på hæld
med forhåbningens pensel de maler
nok et farverigt sidste farvel

På stranden de langstrakte skygger
fornemmer de kommer til kort
midt i tusmørkets kølige time
de svæver vemodige bort
derude hvor hav møder himmel
et aftenland ude mod vest
der de langstrakte skygger de kæmper
mod den saltmætte evige blæst

De ligger derude og vugger
de ting som man aldrig fik sagt
og små pirrende spændstige stykker
af livet man aldrig fik smagt
de ligger og venter derude
jeg stirrer fra havstokkens kant
imod drømmenes små canapeer
der som langstrakte skygger forsvandt

De lyse skyggers land

Aftenhimlen nikker rødligt
dagens allersidste buk
bag ved horisonten høres
evighedens lette suk
på en trækfugls lange rejse
livet ofte synes kort
mørket favner nattehimlen
dagen vandrer langsomt bort

Bag de fjerne horisonter
bag ved havets salte vand
har jeg hørt en trækfugl synge
om de lyse skyggers land
der står tiden ganske stille
alting ånder ro og fred
der hvor alle skygger lyser
op i pragt og herlighed

Nattehimlens tusind stjerner
mildner verdens dunkelhed
gi'r en trækfugl kurs og retning
til et fjernt og venligt sted
som en trækfugl skal vi flyve
over bjerge over vand
som en trækfugl skal vi rejse
til de lyse skyggers land

Den dansende rose

Du sidder smukt og danser
i blid sydvestenvind
du driller mine sanser
og leger med mit sind
den første hybenrose
som jeg har mødt i år
den første duft af som'ren
som netop forestår

Du sidder smukt og danser
jeg mærker mig din duft
der fylder mig som lyset
her i den salte luft
mit hjerte danser sagte
som blomsten i dens busk
for glemt er vintertiden
med sjap og slud og rusk

Du sidder smukt og danser
så fin så køn så net
og skønt alene er du
for mig en hel buket
dog plukker jeg dig nødigt
helst ikke denne gang
idet jeg nyder dansen
så smuk til lærkens sang

Du sidder smukt og danser
du lysets drillepind
du driller mine sanser
og leger med mit sind
hvis før jeg var lidt ensom
mit sind går nu til ro
for i sydvestenvinden
jeg mærker vi er to

Den ensomme drossel

En ensom drossel sidder
helt stum i træets top
for vårens glade triller
nu ganske er hørt op
en mørkklædt sorgfuld drossel
med trætte vingefang
den sidder tavs i træet
og følger livets gang

Der slukkes fuglestemmer
når dagen går på hæld
dog tændes der en stjerne
hvor lyset si'r farvel
den nat jeg sad ved sengen
da først jeg helt forstod
at du var allernærmest
den stund du mig forlod

Skønt mørk er nattehimlen
en stjerne lyser op
skønt ensom er en drossel
i træets tavse top
den danner imod lyset
på himlens store hvælv
den silhuet som gemmer
en stjerne i sig selv

Den ensomme fjer

Jeg ser en ensom fjer
som en lille spurv har mistet
den tar' jeg op i hånden
hvor jeg ser hvor smuk den er
jeg ser i aftenlyset
de drømme som er bristet
da fjeren den fløj bort fra
den spurv som stod os nær

Jeg ser en ensom fjer
en som vinden til mig bragte
en smuk sagtmodig fjer
som just ligger på min vej
da hører jeg mit hjerte
der banker ganske sagte
jeg lytter og da ved jeg
det banker just for dig

Jeg så en ensom fjer
som en lille fugl har mistet
en lille fjer på vejen
som vi ofte mister selv
dog immervæk din fjerdragt
den har mig altid fristet
skønt vinterregnen siler
og dagen går på hæld

Den ensomme sko

Den ligger alene
og ensom på stranden
en højrefodssko
i det regnvåde sand
jeg tror at den savner
sin daglige partner
som gik ved dens side
men ej drev i land

Nu ligger den ensom
og fryser i sandet
den værdiges næppe
små høflige nik
idet jeg passerer
det er som jeg føler
at skoen den kaster
et smertefuldt blik

Jeg standser og ta'r den
forsigtigt i hånden
og bær' den et stykke
her langs vores kyst
imens at vi nærmer
os kassen til affald
jeg mærker en knugen
i mave og bryst

Farvel da du ensomme
ven her fra stranden
i kassen med affald
du slutter din dont
jeg ser imod havet
og skuer et sejlskib
som vugger så smukt mod
en klar horisont

Den hvide sten

Himlen lyser gullig
havet mørkegrønt
sandet fast og regnvådt
dufter friskt og skønt
nær en sagte brænding
finder jeg en sten
smuk som sølv på havet
hvid og uskyldsren

Himlen mørk orange
solen synker ned
bag ved havet blunder
fred og evighed
snart vil begge kalde:
Er du mon på vej?
Da vi ejer tålmod
venter vi på dig

Helt alene står jeg
drømmende og tavs
tanker håb og længsler
sendes nu til havs
foran havets brænding
kaster jeg den sten
som jeg har i hånden
hvid og uskyldsren

Den nøgne gren og bladet

Grenen svajer trist i vinden
snart den mistet har hvert blad
og den savner vårens drossel
som just fløjtede så glad
uret tramper utålmodigt
tiden går med tunge skridt
nok et vindpust rammer grenen
hvor det sidste blad bli'r smidt

Nøgen vinker grenen til mig
alt imens jeg går forbi
lidt vemodig gennem regnen
på plantagens våde sti
og jeg har det lidt som grenen
ganske nøgen går jeg her
ungdoms grønne blad er fløjet
vissent bort i blæsevejr

Trist til mode går jeg langsomt
tæller mine tunge skridt
samler bladet op i hånden
det som grenen just har smidt
og da føler jeg den ømhed
som nu bor i dette blad
og jeg hører fløjt fra grenen
der hvor vårens drossel sad

Grenen stadig fanger vinden
skønt den mistet har hvert blad
og jeg fløjter op mod grenen
hvor den glade drossel sad
bladet som jeg bar i hånden
har nu sat sig i mit sind
hvor det smiler sagte til mig
trygt i ly for regn og vind

Den uslebne diamant

Med sit blik vendt mod havet
nær ved brændingens kant
se her ligger en usleben
rå diamant
og den ejer en skønhed
hvis man bare forstår
den er gjort af den rigdom
som aldrig forgår

Den er dannet af dufte
fyldt med hyben og sand
den er dannet af smagen
af havtorn og vand
den er formet af biceps
på en havfiskers arm
når han længes i stormen
mod kærestens barm

Det er stormfuldt og køligt
her langt oppe mod nord
der er varme i hjertet
hos folket som bor
tæt på havet hvor bølgen
den forstående ven
renser sjælen og sindet
igen og igen

Med sit blik vendt mod havet
nær ved brændingens kant
se her ligger en usleben
rå diamant
her hvor brændingen viser
en forunderlig magt
ja se her ligger Hirtshals
en usleben pragt

Den usynlige lærke

Du lille usynlige lærke
med øjnene ser jeg dig ej
blot høres en sangskat fra himlen
som du kaster direkte min vej
den rammer mit sind og mit hjerte
jeg mærker at de synger med
jeg mærker det danser i kroppen
når højlydt du skænker os fred

Du lille usynlige lærke
det hænder jeg skuer en prik
og derpå to ivrige vinger
der folder sig ud for mit blik
da rækker jeg hånden til hilsen
som tak for din sang lille fugl
igen er du pludselig borte
højt oppe i himmelens skjul

Du lille usynlige lærke
du fylder mig altid med sang
du kaster de smukkeste triller
som rammer mig endnu engang
med ansigtet vendt imod solen
fornemmes den kølige vind
med lukkede øjne nu ser jeg
din sangskat i hjerte og sind

Den uvirkelige virkelighed

Den sad næsten dagligt
på taget og sang
de skønneste triller
for dagen var lang
en tone for lyset
den tit efterlod
den tog jeg og følte
jeg droslen forstod

En sensommeraften
mens solen gik ned
jeg mærkede verdens
uendelighed
en trille jeg hørte
fra taget skønt kort
i solnedgangstimen
min drossel fløj bort

Jeg så den i morges
helt fredfyldt men tavs
dens elskede triller
var fløjet til havs
den fandt under busken
den evige fred
en sorgfuld uvirkelig
virkelighed

Der er forår i luften

Der er forår i luften
hør som fuglene synger
mærk hvor hjertet nu hopper
og danser og gynger
i haven små blomster
vrimler nysgerrigt op
mens vi ser på hinanden
jeg mærker min krop
atter længes mod forår
og mod lys og mod sommer
den vil favne det hele
når det alt sammen kommer

Der er forår i luften
snart en smuk anemone
den vil vise os alle
sin yndige krone
og ydmygt berette
om sin særlige æt
lidt genert vil den stå som
en sand majestæt
og da bukkes ærbødigt
imens nogle de nejer
i respekt for at blomsten
holder hof som den plejer

Der er forår i luften
der er forår ved vandet
se en strandfugl just løber
og leger i sandet
i kådhed som bølgen
når den viser sin krop
når den sammen med blæsten
og solen står op
alle længes mod forår
og mod lys og mod sommer
vi vil favne det hele
når det alt sammen kommer

Der er så højt til himlen

Der er så højt til himlen
heroppe imod nord
her trives lyng og havtorn
her trives vendelboer
mens marehalmen duver
så smukt i vestenvind
to hybenroser danser
i busken kind mod kind

Der er så højt til himlen
kun lærken når derop
og dennes smukke triller
når ind i sjæl og krop
der falder ned fra oven
en sang om håb og fred
ja selv et strejf af lykke
når næsten helt herned

Der er så højt til himlen
hos os i lysets land
så drømmefyldt er luften
her langs det salte vand
og lysets mange toner
de spiller tyst farvel
til sidst et smukt på gensyn
mens dagen går på hæld

Der er så højt til himlen
heroppe imod nord
hvor store mågeflokke
tit får det sidste ord
et mågeskrig fra havet
i solnedgangens skær
det kalder hæst på natten
og himlens stjernehær

Der er så højt til himlen
så langt til havets bund
vi nyder mellem storme
en enkelt stille stund
da mærker vi blandt havtorn
blandt lyng og lav og mos
en lun stilfærdig ane
som stadig bor i os

Der vil komme en dag

Der vil komme en dag
selv en spurv bli'r alene
men spurve ved ikke
hvilken af dem det bli'r
lad os nyde hvert daggry
hver en time på dagen
lad os nyde vor flaske
med livseliksir

Der vil komme en dag
da en trækfugl på stranden
i skønhed vil lette
og så flyve til havs
der vil komme en time
hvor en mage skal vinke
og vil fælde en tåre
alene og tavs

Der vil komme en dag
hvor der blot er to dråber
tilbage i flasken
med vor livseliksir
de skal dryppe på tungen
blot en dråbe af gangen
som en gave og trøst til
den trækfugl som bli'r

Det fyger derude

Det fyger derude
nu stormen har fat
se sneen den aer
den brovtende nat
små snefnug de smyger
sig rundt om dens hals
i en sprudlende hvirvlende
vintevejrsvals

Det fyger derude
der spilles musik
krystallerne danner
en smuk mosaik
i dølgsmål de mødes
hvor end der er læ
her de varmer sig sammen
de kuldskære kræ

Det fyger derude
der blæser en vind
som snefnug den smyger
sig rundt om mit sind
den bringer os lyset
krystallernes pragt
og dog sidder jeg lille
forstummet forsagt

Det gør så ondt

Det gør så ondt når lyset
os siger ret farvel
og når vi må erkende
vor sommer går på hæld
det gør så ondt at falde
når markens sti er hård
når hjertesorgen sætter
i sindet dybe sår

Det gør så ondt når droslen
den ikke synger mer'
når svalerne de samles
i flokke fler' og fler'
det gør så ondt når pladsen
er tom hvor stæren sad
når skoven stille sover
og mister mangt et blad

Det gør så ondt at elske
og aldrig elske mer'
så ondt når øjer skuer
mod det som aldrig sker
det gør så ondt at føle
at verden sander til
og dog så godt at mærke
at livet er i spil

Det ravgyldne øje

Daggryet åbner
sit ravgyldne øje
spreder imod os
nu lyset fra øst
omfavner verden
deroppe fra himlen
omfavner byer
og marker og kyst
lyset er kommet
til alle på ny
skinner på sindenes
evighedssky

Daggryet åbner
sit ravgyldne øje
og fylder verden
med morg'nens musik
blomster som synger
duet langs med grøften
sender hinanden
de sødeste blik
dagdrømme længsler
og håb trænger ind
vandrer så troligt
dybt ind i vort sind

Aftenen lukker
sit ravgyldne øje
finder sin fred bag
ved kimingens kant
her vil det gense
de talrige drømme
tanker som ud over
havet forsvandt
mørket nu favner
vor Vesterhavskyst
indtil et øje
sig åbner i øst

Droslens farvel

Der brænder en ild
på den østlige himmel
det er lyset som fødes
af daggryets skød
og straks hører det lyden
af tusinde stemmer
gryets fugle som synger
med varme og glød

På mark og på eng
smukke blomster de lytter
til hver tone fra lyset
i fuglenes sang
helt forførte af koret
de danser i vinden
hvor de skænker de frø som
skal spire engang

Der slettes et spor
af to fødder i sandet
af en bølge som brydes
og derpå går bort
trætte fødder der vandrer
en tur langs med stranden
mod det ensomme fjerne
om end nok så kort

Der brænder en ild
på den vestlige himmel
det er lyset som fødtes
der nu går på hæld
gennem brændingens brusen
svagt høres en stemme
det er droslen som synger
sit sidste farvel

Efterårsdrømme

Blæsten græder højt derude
det må også gøre ondt
at slå hårdt imod vor rude
sådan næsten hvert sekund
bøgen blunder ganske nøgen
i sit vindombruste hi
drømmer vist om vår og sommer
som blot kiggede forbi

Haven virker træt og øde
spurven sidder i sit skjul
og alene i vor stue
er jeg selv en lille fugl
tavs jeg sidder ganske stille
mens jeg stirrer tomt mod vest
regnens dråber rammer ruden
tårer fra en sorgfuld blæst

Blæsten suser våd og dunkel
det er gråt langs vores kyst
dog jeg mærker nu det tripper
ganske stille i mit bryst
utålmodig fuglen venter
utålmodig det er jeg
mens jeg lissom bøgen drømmer
vår og sommer er på vej

Efterårsstemning

Skovbunden ligger og pynter sig selv
med blade dybt gyldne og sprøde
og rønnen den kaster så glad mod mit blik
små bær som er runde og røde
og trækfugle samles i flokke
snart stikker de af til farvel
når vingerne vinker fra himmelen grå
jeg føler det stik i mig selv

Bølgerne iler i efterårstrav
med brusende fråde om munden
dog skarven den ærer det levende hav
hvor krabberne elsker på bunden
dybt nede hvor mørket det råder
hvor årstider næppe når ned
hvor tiden blot lander hvor strømmen den bar
dybt nede hvor alt ånder fred

Sandkorn bebuder at nu er det høst
og prikker mig venligt på kinden
fortæller fortroligt at de har gemt bort
lidt varme og solskin bag vinden
små rønnebær lægges i bjesken
som lokker fra hylden igen
en dag vil jeg være som skovbund i høst
og pynte mig selv med min ven

En brandmands fortryllende blik

De ligger og lurer
nær havstokkens kant
og som badende så vi
de gerne forsvandt
men hvor er de dog smukke
disse røde og blå
og hvor er det dog sjældent
vi skønner derpå
prøv og tag dennes arm
for da brænder du varm
i en brandmands fortryllende blik

Den ligger og lurer
den elskov som sved
men skønt denne kan brænde
dog bliver jeg ved
med at bade derude
blandt de røde og blå
der er noget ved havet
vi ej kan forstå
mellem bølgernes pragt
har jeg dannet en pagt
med en brandmands fortryllende blik

De ligger og lurer
nu ved jeg besked
skønt jeg fik våde kindkys
utallige sved
for jeg blev ej på stranden
hvor hvert sandkorn er tørt
midt blandt bølgerne blev jeg
i stedet forført
for jeg brændte mig varm
tæt på brændingens larm
i en brandmands fortryllende blik

En lunefuld sommer

En lunefuld sommer
der dufter af regnvejr
af havtang og saltluft
nær brændingens kant
man mærker et strejf af
de længsler og drømme
som ud over havet
i gusen forsvandt

En lunefuld sommer
dog natten er lystig
den omfavner lyset
og fuglenes sang
den kalder på minder
fra dybhavets mørke
som stirrer forundret
på tidernes gang

En lunefuld sommer
hvor kulingen tordner
og varsler om høsten
som snart sætter ind
et skumsprøjt fra havet
forsvinder med vinden
og vækker den uro
som bor i mit sind

En lunefuld sommer
med skibe på havet
som søger i gusen
nær kimingens kant
de længsler og drømme
som fødtes af duften
en lunefuld sommer
og derpå forsvandt

En smuk ballerina

Nu hænder det atter
det sker jo hvert år
at i vinterens mørke
jeg længes mod vår
i kulde og snefog
i regnvejr og slud
jeg længes mod blomsten
der folder sig ud

En smuk ballerina
i forårets skrud
som i daggryets sollys
kækt viser sin hud
et dansende snefnug
skønt isblomst af sind
hun smelter og kysser
i kådhed min kind

På scenen vi danser
en skøn pas de deux
og vi mærker i brystet
små spirende frø
trods vinterens mørke
er lyset vor ven
min tro ballerina
nu danser igen

Da hænder det atter
det sker jo hvert år
at i vinterens mørke
jeg længes mod vår
en smuk ballerina
en blomst i krystal
med stemmen hun lokker
som solsortens kald

Ensomhedens glød

Når vor sol den langsomt daler
ned i havets smukke skød
tændes der i hjertedybet
blot en stille ensom glød
mens den ligger der og ulmer
ganske roligt i mit bryst
rødmer kimingen derude
langs med Vesterhavets kyst

Gløden breder sig fra hjertet
og når helt ind i mit sind
hvor det er som om den næres
selv af rolig nattevind
nattehimlen ensomt gløder
på det store himmelhvælv
størst dog føles hjertegløden
som er indeni mig selv

Ensomhedens glød i natten
ensomhedens stjerneskær
tosomheden oftest deles
med den glød som står os nær
og med morgengry forsvinder
ensomhedens natteglød
kærligheden atter stiger
op fra havets smukke skød

Evighedens gemmeleg

Lyset skjuler sig bag havet
jeg kan høre dets tit-tit
i en gemmeleg med mørket
tæt på skov og strand og klit
som to legekammerater
lys og mørke følges ad
indta'r bølgetoppen hvorpå
sorg og glæde netop sad

Lys og mørke sorg og glæde
tvillinger fra Siams land
leger ofte med hinanden
ude på det åbne vand
leger skjul med solens stråler
laver gæk med vejr og vind
dukker frem i skumringstimen
som et tit-tit i mit sind

Lyset skjuler sig bag havet
mørket følger gerne med
sorgen følger ofte glæden
hvileløst fra sted til sted
lys og mørke sorg og glæde
viser sig og dukker sig
hvisker tit-tit i det fjerne
evighedens gemmeleg

Evighedens symfoni

Skoven rækker sine kroner
imod lysets himmelhvælv
hvor de fanger livets toner
som bli'r et med skoven selv
og hvor end der er en lysning
flyver fuglene forbi
hvis du lytter vil du høre
evighedens symfoni

Milde vinde stærke storme
sandkorn hvirvles rask af sted
og dog finder de som oftest
steder som kan skænke fred
iblandt strandens mange vinde
findes dem med kræfter i
hvis du lytter vil du høre
evighedens symfoni

Havets store åbne vidder
trækker kraftigt i vort sind
der er noget langt derude
som vil gerne lukkes ind
havets tusindvis af bølger
er der stærke strømme i
hvis du lytter vil du høre
evighedens symfoni

Evighedens åndedræt

Ude østpå fødes lyset
ganske flot og smertefrit
se det vandrer over havet
favner skov og mark og klit
solen strækker sine lemmer
mens den langsomt vågner op
gaber gult og ånder varme
mod vort sind vor sjæl vor krop

Fra en tagryg droslen sender
lysets kønne melodi
og det er som om at livets
smukke gave er deri
den os skænker lange triller
dog den sidste ganske kort
midt blandt byens mange tage
droslen hastigt flyver bort

Lærken sender lissom droslen
skønne triller mod vort bryst
som får hjerter til at banke
her langs Vesterhavets kyst
skovens gavmildhed os rækker
træets lysegrønne løv
inden dette atter falder
visner bort og bli'r til støv

Nær ved stranden bryder bølgen
os den vinker til farvel
den forsvinder lissom lyset
når vor dag den går på hæld
og mens solen langsomt synker
jeg mig lægger tung og træt
svagt jeg hører i det fjerne
evighedens åndedræt

Evighedsvej

Jeg fanger i flugten
små flygtige drømme
som svæver i vinden
på Evighedsvej
jeg gemmer dem hastigt
langt borte i hjertet
her deler de pladsen
alene med dig

Jeg fanger i flugten
uskyldige længsler
som favner hinanden
på Evighedsvej
dem gemmer jeg sammen
med drømme i hjertet
skønt pladsen er trang nu
alene med dig

Jeg fanger i flugten
det håb som just lever
en faldskærm i vinden
på Evighedsvej
jeg ser at der stadig
er plads i mit hjerte
nu sidder de alle
alene med dig

Små flygtige drømme
uskyldige længsler
selv håbet får plads i
mit hjerte hos dig
et vindpust og atter
vemodigt de svæver
farvel men på gensyn
på Evighedsvej

Farvel da farvel

Du synes så stille at visne
som blomsten der mangler lidt vand
så hjælpeløs lille som barnet
hvor førhen at du var en mand
jeg ser dine hænder de ryster
som ordene nu fra din mund
de ord du forsøger at sige
bli'r borte i selv samme stund
farvel da farvel gamle ven
fik du læst det sidste kapitel
nu rejser du hen hvor alle er ens
borte er rigdom og titel
ser du mon stjernen langt borte
måske den skal være dit hjem
hvis stjernen om kort tid den blinker
jeg ved at du er kommet frem

Du husker nok da vi var unge
dengang var du aldrig i ro
du farede rundt for du havde
så travlt med at stifte et bo
og altid du samlede sammen
fik guldstøv på hylden min ven
nu sidder du ensom tilbage
og boet snart spredes igen
farvel da farvel gamle ven
fik du læst det sidste kapitel
nu rejser du hen hvor alle er ens
borte er rigdom og titel
ser du mon stjernen langt borte
måske den skal være dit hjem
hvis stjernen om kort tid den blinker
jeg ved at du er kommet frem

Farvel og på gensyn du gamle
jeg tror du har levet dit liv
jeg håber det gik som du ville
på trods af skærmydsler og kiv
det er nu for sent at fortryde
din rolle nu snart er forbi
det dybeste buk fra en scene
og flygelets låg klappes i
farvel da farvel gamle ven
fik du læst det sidste kapitel
nu rejser du hen hvor alle er ens
borte er rigdom og titel
ser du mon stjernen langt borte
måske den skal være dit hjem
hvis stjernen om kort tid den blinker
jeg ved at du er kommet frem

Farvepragt og fygesand

Der er fygesand langs stranden
vinden er i sydsydvest
havets friske duft af saltvand
svæver i den stride blæst
her er mågeskrig og brænding
marehalmen hilser på
når den bukker pænt i vinden
ganske høfligt strå for strå

Der er farvepragt på himlen
selv om lyset er i skred
snart vil solens sidste stråler
bag ved havet finde fred
jeg kan høre hjertet banker
på til sindet og vil ind
for det er en smule køligt
i en fugtig aftenvind

Der er fygesand langs stranden
og det føg ind i mit sind
da jeg lindede på døren
for at lukke hjertet ind
ude nær ved horisonten
daler solen sagte ned
og nu er her ganske roligt
dagen den har fundet fred

Der er farvepragt på himlen
rød orange lyseblå
der er farvepragt i sindet
og i hjertet ligeså
over havet svagt fornemmes
lysets sidste melodi
for nu lukker aftenhimlen
ganske langsomt øjet i

Februar

Skønt du er den korteste måned
du føles så underlig lang
jeg tror at det skyldes vi længes
mod forår og lærkernes sang
jeg griber et solstrejf i flugten
af dem er der nemlig blot få
med barnlig forventning jeg ta'r det
i munden og tygger derpå

Med smagen af forår på tungen
det stormer og regner igen
mens mørkningen vokser sig større
og skygger for lyset min ven
du februar måned jeg be'r dig
bevis at du stadig er kort
og skynd dig at kalde på våren
hvorefter du godt må gå bort

Skønt du er den korteste måned
du evner at gøre dig lang
du evner at nedtrampe våren
som vil os det godt nok engang
for selvom den venter om hjørnet
og viser de fremstrakte tæ'r
du puster dig op som et stormvejr
beviser du endnu er her

Det smager af forår på tungen
snart spytter jeg februar ud
idet jeg behændigt vil undgå
at ramme de vårgrønne skud
de skyder fra hoften i haven
de rammer mit hjerte især
de får mig med et til at glemme
det fugtkolde februar vejr

Forår i Danmark

Når solen den skinner jeg føler jeg har
en sommerfugl gemt i mit hjerte
og når de små fugle de blafrer omkring
med vinger af silke da er det
der sker noget i mig
jeg ved ikke hvad
jeg ved blot det styres
af vingernes kvad
for nu er det forår i Danmark

Når solen den skinner og krokussen ler
jeg mærker at fødderne danser
jeg mærker at livsgnisten tænder en ild
som pirrer de livlige sanser
de alle af solen
har fået kulør
og fået af luften
en mundfuld humør
for nu er det forår i Danmark

Når solen den skinner og himlen er blå
når buske og løvtræer grønnes
når trækfugle flyver mod lyset i nord
da drenge og piger forskønnes
og mulden den ligger
så frugtbar og tung
mens hjerterne banker
på gammel og ung
for nu er det forår i Danmark

Når solen den skinner og rammer mit sind
det lyser som stjernen på himlen
en farverig sommerfugl kalder på mig
og gir' mig et kys midt i vrimlen
på vinger af silke
vi flyver af sted
jeg blafrer omkring og
kan ej finde fred
for nu er det forår i Danmark

Frihedens hav

På min tur
langs med havet
jeg føler en frihed
den frihed som bølgerne
rækker mod mig
og på sådan en morgen
det mærkes på sindet
at jorden just drejer
den rigtige vej
på en sten midt i vandet
står en skarv og velsigner
det store det åbne
det dragende hav
her hvor solstråler spiller
de smukkeste toner
for hver fisker som gik
til sin ensomme grav

På min tur
langs med havet
jeg føler en frihed
den frihed som havfuglen
minder mig om
og jeg synes så ofte
der lyder en stemme
fra havet som hvisker
sit lokkende kom
og da mærker jeg blodet
er som strømme i havet
de strømme som varmer
vor vestvendte kyst
her hvor friheden smager
som havsalt på læben
her hvor friheden sætter
sig fast i mit bryst

Fuglenes tilgivelse

Der er stjerner på himlen
jeg ikke kan nå
der er meget i livet
jeg ej kan forstå
skønt jeg prøver at gøre
det hele så godt
bli'r det bagsidespalter
der skrives med småt
men når spurvene pipper
og hopper i leg
ja da mærker jeg spurvene
tilgiver mig

Når det sker at jeg siger
fortrydende ord
og du svarer mig kærligt
det gør ikke spor
kan jeg i dine øjne
et enkelt sekund
se at ordene gjorde
alligevel ondt
men når lærkerne synger
en sang langs vor vej
ja da mærker jeg atter
I tilgiver mig

Der er meget jeg ønsker
at gøre for dig
og så meget du ønsker
at gøre for mig
men alligevel sker det
skønt vi vil os det vel
intentionernes alter
det vælter sig selv
men når mågerne svæver
med vinden mod os
ja da mærkes det atter
vi to bli'r til vos

Funklende glad

Hør lærkerne slår deres triller
se havet er roligt og blåt
mærk solen deroppe der griner
så højlydt af stort som af småt
på sådan en dag favnes verden
som synes så funklende glad
på sådan en dag ta'r jeg pladsen
i træet hvor solsorten sad

Som denne jeg sidder og nynner
af glæde nær grantræets top
her mærker jeg foråret spreder
sig udi mit sind og min krop
jeg sender en tanke mod himlen
som netop er lysende blå
jeg takker for dagen og livet
og lover at skønne derpå

Jeg takker for forårets komme
og hylder den grinende sol
en tak til de spurve i busken
som sidder og spiller fiol
et kys og et kram til min verden
som den er jeg funklende glad
da viger jeg pladsen for droslen
og sætter mig nær ved et blad

Et blad som er gammelt og vissent
dog sidder det stadigvæk fast
snart fødes igen nye slægter
som vokser sig grønne i hast
jeg hører nu bladet det nynner
om forår om glæde om fred
og mens at det ta'r mig i hånden
jeg ydmyg og glad nynner med

Gråt som jernet

Gråt som jernet før det ruster
er dit fine viltre hår
gemt deri er sorg og glæde
glimt af vinter glimt af vår
stadigvæk ses mørke skygger
minder fra en svunden tid
blomsterknoppen før den brister
uskyldsren og barneblid

Pandens lange dybe furer
tegner kløften i vort sind
hvor så ofte vi har gemt os
bort fra torden regn og vind
og i vores øjne ser vi
livets godhed livets fejl
når vi vender blikket indad
og vi ser i sjælens spejl

Tak for kroppens smukke rynker
som du gavmildt rækker mig
tak for hver et skridt vi træder
langs med havet du og jeg
blomstens knop for længst er bristet
og den spredt har sine frø
grønne spirer de er dukket
frem fra mulden pø om pø

Som et løvtræ uden blade
skal vi stå i vintervejr
hvor et snefald sendt fra himlen
det vil pryde hver især
og da skal vi sammen vandre
i den årle morgengry
ud blandt uskyldshvide snefnug
hvor vi bli'r som børn på ny

gudruns sang

Hendes hænder er grove
hendes hår farvet sort
hendes kjole med blomster
en smule for kort
hendes øjne er røde
hendes liv mørkegråt
hendes fornavn er gudrun
altså gudrun med småt

Næsten dagligt hun sidder
fast og plejer sit sind
samt et mærke som moderen
gav hendes kind
med en finger hun skjuler
denne skæmmende plet
med en anden bestiller
hun endnu et par sæt

Nok en øl et par skarpe
nogle chips glider ned
sammen skænker de gudrun
lidt ro og lidt fred
der er tomhed ved baren
alle folk slentrer hjem
på sin stol gudrun finder
nu sin tegnebog frem

Der var ingen i aften
hun ku' snakke lidt med
et par øl et par skarpe
tog lytterens sted
på et dankort fra banken
på en baggrund i blåt
står der gudrun med guldskrift
altså gudrun med småt

gudrun sidder der atter
hendes dankort er nyt
nok et fejlkøb på nettet
hvor gudrun blev snydt
med en kur mod en vorte
som var blevet forsømt
men i stedet for kuren
hendes konto blev tømt

Hun vemodigt fortæller
alt som hende er hændt
ikke mindst om den vorte
som nu er betændt
nok en sidemand lytter
nok en partner går væk
for måske der er andre
end blot gudrun på træk

gudruns bartender hører
de utallige ord
der som glasperler hænger
om halsen på mor
selv en glasperle blegner
derpå sygner den hen
mens at gudrun bli'r gudrun
og så gudrun igen

Nu der ringes med klokken
for der lukkes om lidt
gudruns længsler og drømme
igen blev lidt slidt
i et røgfyldt lokale
holdt i brunt og i gråt
står der gudrun på kortet
altså gudrun med småt

Atter hjemme i huset
gudrun kigger sig om
smider tøjet i stolen
som ellers var tom
sengen kalder på gudrun
hun er øm i en tå
dog som altid hun trækker
sin godnatkjole på

Gudrun ligger i sengen
lille søvnig og tavs
liv og længsler med hende
nu driver til havs
kærligt møder hun prinsen
foran drømmenes slot
og han elsker med gudrun
skønt hun skrives med småt

Havet blunder tungt

Havet blunder tungt og sagte
som et barn der sover ind
bølgen ligger blød og fugtig
som en lille barnekind
i det fjerne horisonten
rækker ud og rør' mit bryst
hvor bevæget hjertet takker
horisonten for dens trøst

Ganske rolig lissom havet
står jeg på det våde sand
langsomt drypper salte tårer
i det store åbne vand
hver en tåre fyldt med glæde
ved det store verdensrum
uden ord og uden mæle
står jeg måbende og stum

Det er noget ganske særligt
når vort hav det blunder blidt
og fortrøstningsfuldt det ligger
vidende at det har slidt
da den stærke storm i vrede
bragte røre i dets sind
nu det har det som os andre
i en sval sydøstenvind

Havet blunder tungt og sagte
snart jeg også sover ind
med de små og salte mærker
som er lagret på min kind
og jeg rækker ud i drømme
mod den hånd som bragte trøst
horisontens varme gestus
sidder stadig i mit bryst

Havets skjulte drømme

Havet ligger dovent
vinden svag fra øst
havets stille brænding
bringer sjælen trøst
for den ved langt ude
på det dybe vand
venter skjulte drømme
på at gå i land

Under havets bølger
i den stærke strøm
havets mange fruer
passer på en drøm
og ved aftentiden
stiger disse op
hvorpå smukke drømme
sendes fra hver krop

Derpå havets fruer
atter dykker ned
mod de mørke dybder
hvor de finder fred
til at smede drømme
af det salte vand
det er nemlig dette
havets fruer kan

Under solnedgangen
dannes der en vej
lang og bred og gylden
som når hen til mig
og med et da ser jeg
på det dybe vand
havets skjulte drømme
vandrer ind mod land

Himmelens latter

Nu høres der latter fra himmelen blå
vor sol er i forårshumør
og løvtræets sidste forkrøblede blad
den glad fejer bort fra vor dør
en vintergæk smiler så yndigt
og jeg smiler venligt igen
da atter der høres fra himmelen blå
en latter fra solen min ven

Se fuglene åbner de spidsede næb
de synger en forårsglad sang
som svæver med lethed i vinden fra vest
og rammer mig endnu engang
jeg mærker et stik i mit hjerte
der fyldes med kådhed og lyst
som ringe i vandet det folder sig ud
og udfylder hele mit bryst

En solgul erantis den netter sig blidt
og kigger forelsket på mig
jeg føler med et dens forførende blik
men tør næppe kigge dens vej
trods kådhed og lyst i mit hjerte
jeg føler mig grovkornet flov
hvis blot også jeg var en yndefuld blomst
så ville jeg turde lidt sjov

Igen høres latter fra himmelen blå
der gør mig i forårshumør
jeg ser at et vindstød har grebet det blad
som fejedes bort fra vor dør
jeg fyldes med vinterligt vemod
dog hurtigt jeg vender mig bort
og atter der høres fra himmelen blå
en latter om end nok så kort

Klitrosen

Klittens rose hvid og yndig
solens underfulde busk
glemt er vinters slud og kulde
glemt er høstens regn og rusk
se den smiler mig i møde
en forførisk drillepind
midt i busken skælmsk den vrikker
i den milde søndenvind

Og den sender sine dufte
mens jeg står helt hjælpeløs
og blot lader mig forføre
som en femtenårig knøs
dog jeg nyder øjeblikket
øjne lukkes hastigt i
og da ser jeg ungdoms kådhed
komme svansende forbi

Atter åbnes mine øjne
hjertet hamrer i mit bryst
og mit gensyn med min rose
fylder mig med fryd og lyst
nu jeg mærker kroppen danser
nu jeg selv bli'r drillepind
foran busken skælmsk jeg vrikker
i den milde søndenvind

Kulingen og havet

Havet ligger grønt og roligt
kulingen har lagt sig ned
begge blunder et par dage
blot i al troskyldighed
de har også raset længe
i det store åbne rum
de har drukket sig beruset
i det salte bølgeskum
nu de ligger brak i sandet
hele kysten stod for skud
da de tvende soldebrødre
med hinanden skejed' ud
havets spejl det gik i stykker
da de så sig selv deri
og det førte med det samme
til et vældigt skænderi

Lige nu har hav og kuling
atter sluttet en slags fred
men en krigserklæring ligger
skjult i begges kedsomhed
som du snorker hvæser havet
det var dig er vindens svar
og de rejser sig i vrede
nok en tvekamp den er klar
bølgen slår med stærke næver
kulingen den slår igen
men i clinch i verdensrummet
begge favner de en ven
for de er hinandens tvilling
født på samme tid og sted
snart er vinden atter rolig
havet følger trofast med

Kys livet godnat

Når havfuglen svæver
i sollysets skær
er den fjern er den borte
men alligevel nær
for vi er ved dens side
når den flyver af sted
imod kimingens længsler
imod kimingens fred
og mens sollyset blegner
og vor dag går på hæld
kysses livet godnat
før det siger farvel

Når bølgerne bryder
og brændingen slår
høres evighedsbruset
det som aldrig forgår
og mens tusmørket falder
langs den vestlige kyst
høres hjertet der banker
i Skageraks bryst
og mens sollyset blegner
og vor dag går på hæld
kysses livet godnat
før det siger farvel

En sommerfugl hilser
den blafrer af sted
se den danser i lyset
smukt i frihed og fred
og jeg mærker i sindet
silkevingernes slag
mens jeg takker ærbødigt
for endnu en dag
og mens sollyst blegner
og vor dag går på hæld
kysses livet godnat
før det siger farvel

Livets stjerneskud

Se de varer få sekunder
disse livets stjerneskud
disse lys på vores himmel
rækker stundom hånden ud
og den tager os om hjertet
og den giver det et kram
blot et øjeblik af lykke
et til hende et til ham

Blot et øjeblik af lykke
et vidunderligt sekund
blot et smukt og enkelt lysglimt
os af himlen er forundt
og vi føler at det strammer
ganske kraftigt i vort bryst
når vi mærker hjertet banker
for en stund af fryd og lyst

Når vi mærker hjertet banker
og det føles i vort sind
at et lysglimt sendt fra himlen
banker på og trænger ind
denne skønne hånd fra oven
denne himlens sendebud
disse smukke øjeblikke
disse livets stjerneskud

Livsgnisten

Når dagene lysner
og himlen er skyfri
jeg sender et favntag
til livet min ven
og med et jeg fornemmer
et vindpust fra havet
en hilsen fra livet
som svarer igen

Det mærkes at pustet
har mildhed som våren
at livet just sætter
et kys på mit sind
og imod horisonten
jeg glad rækker hånden
mod livet derude
og trækker det ind

På sådan en dag kan
man lege med livet
når stråler fra solen
i hast danner kø
og med hånden jeg kaster
en livsgnist mod havet
og ser den slår smut på
den spejlblanke sø

Livssekundets smukke spor

Efterår og mørke dage
lysets dør blot står på klem
dog hver dag i horisonten
trækker gryet lyset frem
og da mærkes livssekundet
som et lysglimt ganske kort
idet fugletrækkets vinger
hvisker himlens skyer bort

Efterår og mørke dage
fuglesangen pist er væk
den drog bort med sommerlyset
da de sammen drog på træk
men den store flok på himlen
heldigvis den efterlod
livssekundet som just glimter
nede ved min højre fod

Se der sidder nu en bille
som jeg næsten slog ihjel
det var heldigvis for tidligt
billens dag sku' gå på hæld
og jeg flytter hastigt foden
så jeg ikke gør den ondt
og ved foden atter glimter
dette korte livssekund

Efterår og mørke dage
lysets dør dog står på klem
og når snefnug dækker jorden
træder lyset atter frem
kønt på sneens hvide tæppe
hvor der førhen blot var jord
ser jeg livssekundet sætte
sine korte smukke spor

Lommeuld

Månen stråler i det fjerne
finder nattens skygger frem
trækker stjerner op af lommen
og gi'r himmelen et klem
her jeg har en lille gave
som jeg gerne gi'r til dig
blot lidt lommeuld fra hjertet
som vil lyse på din vej

Himlen sætter disse stjerner
på sit eget himmelhvælv
og den rækker det til månen
som nu får en gave selv
nattens alenlange skygger
følger mig hvor end jeg går
lyse nætter vintermørke
forårsjævndøgn efterår

Månen stråler i det fjerne
lys og skygge følger mig
drejer varsomt rundt om solen
ganske lissom du og jeg
glad jeg rækker dig som månen
lysets gave på din vej
blot lidt lommeuld fra hjertet
som jeg gerne skænker dig

Lykkelig

Når jeg hører bølgen brøle
langs med Vesterhavets kyst
når jeg hører droslen kalde
morgengryet frem fra øst
når jeg hører lærkens trille
denne smukke melodi
- da er jeg lykkelig

Når jeg ser en mælkebøtte
på en forårsdag i maj
lyse op som selve solen
himlens skønne kontrafej
når jeg ser at æbleblomsten
gør sig yndig for en bi
- da er jeg lykkelig

Når jeg dufter hybenrosen
på en ellers fattig klit
fyldes sindet med en rigdom
ganske gratis kvit og frit
når jeg dufter gran og havluft
på plantagens stille sti
- da er jeg lykkelig

Når jeg smager skovens blåbær
når jeg smager skovens frugt
når jeg smager klittens revling
på en tur til Tannisbugt
når jeg smager salt på læben
dette havets krydderi
- da er jeg lykkelig

Når jeg føler dine læber
fyldt med elskov og med lyst
når jeg lader hånden hvile
på dit bløde runde bryst
når jeg endelig af træthed
lukker mine øjne i
- da er jeg lykkelig

Lysets flamme

Når kærtelyset tændes
det brænder langsomt ned
og flammen os betager
og bringer ro og fred
i aftenstunden ser vi
i flammens gyldne skær
de mange gamle minder
om dem som stod os nær

Det sker at flammen blafrer
et ganske kort sekund
det sker at glædestårer
forvandles og gør ondt
for sorg og glæde følges
skønt ofte hver for sig
på rejsen gennem mørket
hvor flammen viser vej

Når flammen er forsvundet
når lyset er brændt ned
når ro og fred erstattes
af ukendt evighed
da tændes tusind lys på
det store himmelhvælv
da tændes der en flamme
dybt inde i os selv

Lysets stemme

Jeg hører solen kalde
når denne si'r farvel
den ønsker jeg skal komme
nu dagen går på hæld
jeg ser mod horisonten
hvor solen snart får fred
den skaber nattemørket
og lys et andet sted

Der går henover havet
en smuk og gylden sti
jeg føler noget drager
når jeg går der forbi
hvor hav og himmel mødes
der fører stien hen
derfra hvor solen kalder
hver dag på mig igen

Mens sti og lys forsvinder
da står jeg stadig her
på stranden hvor jeg venter
på nattens stjerneskær
ærbødigt vil jeg række
min hånd mod himlens hvælv
og plukke et par stjerner
til dig og til mig selv

Jeg hører atter solen
når den står op igen
når tusindvis af stjerner
de rusker i min ven
og i det fjerne gaber
den store gule mund
hvorfra med friskhed springer
den årle morgenstund

Nu dagen kommer mod mig
med lyset fjernt fra øst
den vandrer over landet
til Vesterhavets kyst
og atter hen mod aften
vil gå en gylden sti
og atter vil jeg drages
når jeg går der forbi

Lysets vingesus

Jeg hører lysets vingesus
en sol som stiger op
da mærkes det at du og jeg
bli'r en i samme krop
mens morgenrøden strækker sig
og skænker natten fred
svagt høres havets bølgeslag
små pust af evighed

Jeg hører lysets vingesus
skønt solen si'r farvel
hvor hav og himmel knytter bånd
der møder vi os selv
til tavse toner skabes liv
et lys fra havets skød
til tavse toner skabes håb
bag himlens aftenglød

Jeg hører lysets vingesus
i nattens stjerneskær
og mærker i mit livssekund
du altid står mig nær
skønt tusind lysår skiller os
skønt alt er intethed
hver gang du rækker mig din hånd
mit hjerte finder fred

Lærkesang i oktober

Her midt i efteråret
jeg hører lærkens sang
den sidder i mit hjerte
og synger nok engang
skønt løv fra træet falder
på skovens dunkle sti
mit hjerte banker hastigt
til lærkens melodi

I mørket trives lyset
som våren gjorde sart
på høstens nattehimmel
hver stjerne lyser klart
endog på triste dage
hvor sorg kan stå i vej'n
da bringer selve lyset
til os lidt solskinsregn

Nu dagen sover længe
langt ude imod øst
dog mærker jeg en glæde
dybt inde i mit bryst
skønt efterårets mørke
i sindet danner fugt
just sidder i mit hjerte
en fugl og synger smukt

Mod vinden

Den svæver mod vinden
den flyver af sted
så smukt imod himlen
symbolet på fred
og lænker og grænser
dem kender den ej
skønt altid på farten
skønt altid på vej

Den svæver mod vinden
snart følger jeg med
på havmågens rejse
fra sted og til sted
vi flyder på havet
som lukker os ind
og viser os dybden
på sjæl og på sind

Vi svæver mod vinden
som nu er i vest
mod kimingens kant i
den evige blæst
vi ser ned mod havet
hvorfra just vi kom
og længes mod bølger
men vender ej om

Vi svæver mod vinden
snart solen går ned
bag havets og himlens
uendelighed
vi svæver mod lyset
den evige glød
og synker med dette
i Skagerraks skød

Næsten stille

Stille stille
næsten stille
solen lukker øjet op
selv om alt er ganske roligt
lysets sang er i min krop
og jeg mærker sangen risler
rundt og slutter i mit sind
hvor jeg føler at den danser
med en blid sydvestenvind

Stille stille
næsten stille
spurven sidder på sin gren
misser lidt mod morgensolen
som just strækker sine ben
solen rejser sig mod himlen
mod det store himmelhvælv
hvorfra lune smil nu sendes
smil jeg gemmer i mig selv

Stille stille
næsten stille
dagen hurtigt går på hæld
og mens lyset sagte svinder
droslens trille si'r farvel
i det fjerne horisonten
ligger fladt og hviler sig
ser mod himlens kyske rødmen
nu hvor solen er på vej

Stille stille
næsten stille
solen lukker øjet i
selv om alt er ganske roligt
lyder mørkets melodi
og fra tusindvis af stjerner
lyder himlens jubelkor
tusindvis af klare stemmer
stille kastes mod vor jord

Når hjertet slår

Der er meget i verden
vi ikke forstår
der er ting her i livet
vi ikke formår
fuglen slutter sin sang og
en stjerne bli'r tændt
en længsel bli'r ofte
mod himmelen sendt
hvert sekund bølger slår
evigheden består
blandt de stjerner
vi aldrig helt når

Langt derude er verden
uendelig stor
her det dufter så herligt
hvor blomsterne gror
og det sker hjertet finder
små steder hvortil
fornuften den aldrig
vil komme i spil
for når hjertet det slår
er der ting det forstår
som fornuften
den aldrig formår

Natlig svømmetur

Havets brænding hvisker:
Mørket er på vej
du kan overnatte
hvis du vil hos mig
stranden ligger øde
her er fred og ro
vi kan ligge sammen
ganske tæt vi to

I hinandens nærhed
sammen kind mod kind
vil du se mit blik som
glimt i måneskin
og fra dybet vil jeg
kalde dig min skat
blot du bli'r herude
her hos mig i nat

Havet sender våde
drømme op mod mig
og jeg sætter mine
fodspor på dets vej
stranden ligger øde
her er fred og ro
snart vi ligger sammen
ganske tæt vi to

Nattero

Himlen mørkner over havet
natten rækker hånden frem
griber fat hvorpå den lukker
lysets dør som står på klem
natten ønsker nu at sove
husker hvor i går den lå
breder ud sit himmeltæppe
hvor den sætter stjerner på

Under tæppet ligger havet
allerede lunt og rart
leger lidt med sine strømme
der som altid er i fart
midt i disse flyder drømme
håb og længsler ligeså
og de viser frem med natten
alt hvad havet gemmer på

Natten blunder ganske sagte
mørket daler langsomt ned
sammen favner de hinanden
hav og nat i tosomhed
gennem stjernetæppet rækker
natten atter hånden frem
griber fat hvorpå den åbner
evighedens dør på klem

Nedtur

Stolen står ensom i stuen
uret er gået i stå
opvasken fylder i vasken
blomsterne visne og få
han trasker af sted langs med havet
han lytter til bølgernes sang
en stund får han lov til at glemme
den dag som han føler er lang

Blikket det fanger en måges
kamp mod den stædige vind
billedet vokser i styrke
fylder hans rådløse sind
nu havgusen kryber mod stranden
med et det bli'r fugtigt og koldt
et mågeskrig vækker til live
de smerter han selv har forvoldt

Livet han gemte i lommen
pludselig blev det forlagt
ensom han leder langs havet
ydmyg alene forsagt
han sender en bøn mod det fjerne
mod kimingens snorlige streg
en bøn om at skæbnen må sprede
lidt solskin og smil på hans vej

Ensom som mågen i vinden
ensom som stolen han står
vissen som blomsten i vasen
frygter han livet forgår
da kaster han blikket mod havet
og skuer af lykken en flig
skønt sindet det stadig fornemmer
den kæmpende havmåges skrig

Nu griner du atter

Nu griner du atter
velsignede hav
mens bølgerne strømmer imod mig
pist borte er tungsind
og tyngden du bar
da stilheden satte sig på dig
nu sprudler du atter
og smiler i vinden
et skumkys du rækker
og sætter på kinden

Hvor blev jeg dog bange
de dage du lå
helt udstrakt med tomhed i sindet
og stor det er glæden
nu hvor jeg forstår
det hele blot bliver ved mindet
de smilende bølger
de bringer med vinden
de skumkys du rækker
og sætter på kinden

Nu hvor du er helbredt
velsignede hav
da vi to skal glædes ved livet
nu griner vi sammen
og takker for alt
naturen igen har os givet
vi sprudler nu sammen
vi leger i vinden
vi elsker de skumkys
der sættes på kinden

Nu lysner det atter

Det lysner det lysner
det lysner i øst
en solstråle trænger
dybt ind i mit bryst
den sidder og kildrer derinde
og driller mit hjerte
som danser af lyst
med forårets liflige vinde

Det lysner det lysner
det lysner i syd
svagt høres en svales
lyksalige lyd
dens tswit-tswit bebuder den kommer
det mærkes med et at
jeg mister min dyd
til vår og den danske skærsommer

Det lysner det lysner
det lysner i vest
det svæver af sted i
den evige blæst
og mærkes som sandkorn på kinden
jeg hører nereiden
der byder til fest
en solo som føres med vinden

Det lysner det lysner
det lysner i nord
det lysner ved hav og
det lysner ved fjord
se svalerne flyver i klynger
en blånende himmel
just favner vor jord
mens hjertet det danser og synger

Ravklumpen

Der ligger en ravklump
nær havstokkens kant
der ligger millioner
af år der forsvandt
den ligger så gylden
så let og så blid
som et kosteligt minde
fra før vores tid

Den lyser som havet
i solnedgangsskær
den føles som det hjerte
der står mig så nær
jeg rør' den forsigtigt
og tror den forstår
som små hjerter der banker
i tusinde år

Med klumpen i hånden
jeg mærker et stik
fornemmer her i lyset
et sigende blik
fra fortidens aner
som samlede rav
og de gik lissom jeg langs
det dragende hav

Et kosteligt smykke
snart pynter dit bryst
en gave fra den brænding
som kysser vor kyst
halvtreds millioner
af år der forsvandt
skal du bære om halsen
nær havstokkens kant

Regnen på ruden

Der falder på ruden
utallige tårer
de falder i mørket
som efterårsregn
de flyder som strømme
der smerter og sårer
og samles i pytter
derude på vej'n

I efterårsmørket
i natvindens tuden
der bringer os regnen
som oftest fra vest
ses smertende dråber
som brister mod ruden
der værner vort hjerte
mod rivende blæst

En dag skal de falde
på ruden der dugger
mens solen forsøger
at skinne på vej'n
utallige tårer
der lindrer og sukker
se! lyset det glimter
i solskin med regn

Sejlskibet

Der sejler et skib
imod fremmede kyster
imod fremmede strande
ukendte af navn
skibets sejl lyser hvidt som
en fredsdues vinger
som først rebes den aften
det stævner mod havn

Der sejler et skib
imod kimingens lyshav
klædt i fredsduens farve
det styrer derhen
i et glødende sollys
det krydser på havet
om en stund vil det følge
dets dalende ven

Der sejler et skib
og om lidt er det borte
for det følger med solen
bag kimingens kant
og som altid forundret
jeg stirrer mod havet
mod det strålende lyshav
hvor skibet forsvandt

Sensommeraften

Sensommeraften
med vemod i luften
nu går vi mod mørke
og efterårsvejr
i midsommerbrisen
fornemmedes duften
af talrige blomster
men rosens især
snart duften af disse
med blæsten forsvinder
ud over det frådende
efterårshav
og inde i sindet
utallige minder
vil klæ' sig i dragter
af mos og af lav

Sensommeraften
et vindpust fra norden
der tørrer den tåre
jeg har på min kind
mens havet det sletter
hvert fodspor på jorden
selv spor som blev sat på
min sjæl og mit sind
på sådan en aften
hvor brændingen sukker
og trækfuglen vinker
sørgmodigt farvel
da står vi helt tavse
og ser ud mod havet
hvor lyset og dagen
med os går på hæld

Sensommeraften
skønt alt ånder stilhed
skønt alt ånder ro og
skønt alt ånder fred
det føles at vinden
har mistet sin mildhed
den lethed i sindet
som den bragte med
nu ses det at droslen
har tomhed i blikket
og stemmen har mistet
sin vårkåde klang
mens sollyset synker
en sensommeraften
vor verden forstummer
som fuglenes sang

Sidste farvel

Det dufter af minder
fra stuens reol
af bøger du læste
i sofa og stol
der sukkes vemodigt
fra væggens tapet
som ej heller fatter
just det som er sket
der fyldes i sække
lidt pålæg og brød
for sent nu at ændre
de ting man fortrød

En plante på bordet
helt tør og forsømt
den lander i sækken
mens hjemmet bli'r tømt
vi prøver at åbne
de sårbare sind
mens minderne flokkes
og bare vil ind
en lampe på skænken
i hvidt porcelæn
den sættes til side
til sækken for pæn

På hylden en flaske
der savner det smil
som læberne gav før
du tog dig et hvil
vi ser dine rynker
du hæver dit glas
vi nikker mod stolen
din ensomme plads
en køber med lastvogn
som kigger forbi
han siger at stolen
har ringe værdi

Det dufter af minder
skønt huset er tømt
lidt støv i et hjørne
som tit blev forsømt
vi ser dig i stuen
skønt denne er tom
vi mindes dit blik når
vi vender os om
de fylder i sækken
de ting vi fortrød
dog tungest er hjertet
du altid os bød

Skiftende årstider

Jeg har det i dag som den spirende vår
der danser med drossel og stær
for min krop og mit sind de kan ej finde ro
og det mærkes i brystet især
her hjertet med glæde fortæller enhver
dets kamre har rigelig plads
i vårens fortryllende løsslupne skær
er hjertet mit forårspalads

Jeg har det som lyng på en sensommerdag
helt dugfrisk når solen står op
og jeg gaber så højt som jeg nu engang kan
hvorpå dagen går ind i min krop
jeg smager på luften så knasende sprød
og mærker at denne har bid
som bjesken i flasken der lukker sig op
nu hvor det er sensommertid

Jeg har det som løv midt i efterårsblæst
og lader mig føre af sted
til det hjørne hvor vinden end fører mig hen
blot der findes lidt ro og lidt fred
fra hjørnet jeg ser på det hvirvlende liv
og tænker tilbage på vår
på krokus og liljer og fuglenes sang
i håbet om mildt efterår

Jeg har det i dag som et snefnug i flugt
en lethed i krop og i sind
også selvom at vinterens kulde just nu
tager fat i min rynkede kind
små snefnug der falder på vinterens jord
små engle fra himmelen tyst
små hvide krystaller de sørger nu for
at mørket igen bliver lyst

Skumringstime ved havet

Skumringstime
havet blunder
solen os har sagt farvel
den har leet hele dagen
som et afdrag på sin gæld
solen i spendere hjørnet
måske lyder det banalt
men på denne skønne vårdag
renters rente blev betalt

Skumringstime
himlen blunder
månen just er stået op
men på himmelen den viser
blot en kurve af sin krop
man må bruge fantasien
for at gøre månen hel
når den lidt genert os viser
blot en enkel legemsdel

Skumringstime
blæsten blunder
lyset finder havets skød
i ekstase det berører
horisontens gyldne lød
som fortryllet langs med stranden
går jeg langsomt og besat
nikker pænt til skumringstimen
vender om og si'r godnat

Skyggen i stolen

Der sidder en skygge i stolen
den stol som du kaldte for din
nu sidder der bare en skygge
der vælger at kalde den sin
jeg prøver at tale med skyggen
men den sidder så underlig stum
blot jeg hører min ensomme stemme
i det førhen så livlige rum

Der sidder en skygge i stolen
fornemmer den just siger kom
og skyndsomt jeg rækker den hånden
men denne forbliver blot tom
så tom som den tomhed i blikket
jeg nu sender mod stolen af sted
dog jeg føler at skyggen har fundet
her i stuen den evige fred

Der sidder en skygge i stolen
jeg mærker den står mig så nær
sekunder hvor tiden står stille
det føles som om du er her
der sidder en skygge i stolen
ved dens side jeg sætter min fod
og mens tiden den atter pauserer
står det klart du mig aldrig forlod

Der sidder en skygge i stolen
og denne er blevet min ven
når samtalen lever i stuen
jeg hører den svarer igen
vi taler om talrige minder
og en skygge og jeg bli'r til to
og det sker der er latter i stuen
førend skyggen og jeg går til ro

Skyggernes land

Der er lys der er mørke
i skyggernes land
der er sorg der er glæde
og kvinde og mand
vi prøver at flygte
men skyggen er med
for intet vil træde
i skyggernes sted

Der er lys der er mørke
der er måne og sol
der er kulde og varme
fra pol og til pol
en skygge er lang og
en anden er kort
en tredje den svinder
men går aldrig bort

Der er lys der mørke
til dig og til mig
der er altid en skygge
som følger vor vej
hvor end at vi træder
er skyggerne med
de lader os næppe
blot hvile i fred

Der er lys der er mørke
i skyggernes land
der er latter og tårer
og fygende sand
som sandkorn vi fyger
fra sted og til sted
men altid ja altid
er skyggerne med

Små drømme

Når jeg stirrer imod horisonten
får en længsel tit plads i mit bryst
den hvisker ret drilsk til mit hjerte
rejs med mig til den fjerneste kyst
derovre hvor vildskaben raser
hvor moralen den aldrig slår rod
der vil kvinder så sorte som kulstøv
ligge fristende ret for din fod

Og jeg lytter til længselens ordstrøm
for i disse små drømme bli'r skabt
små drømme om fred og om frihed
og om elskov som aldrig går tabt
små drømme om storhed og bølger
smukke drømme om storsejl og luft
søde drømme om tusinde blomster
og om rosens berusende duft

Når jeg stirrer imod horisonten
når jeg stirrer dybt ind i mit sind
små drømme da banker på døren
og med glæde jeg lukker dem ind
da sejles mod fremmede lande
hvor moralen den aldrig slår rod
til de kyster hvor vildskaben raser
på de strande jeg sætter min fod

Små tårer

Der rinder små tårer i ingenmandsland
de danner på heden en bæk
her dypper en svale sit tørstige næb
og er lissom os blot på træk
den flyver fra mørket i norden
mod lyset et helt andet sted
mod lyset i fremmede lande
mod varme og evigheds fred

Der rinder små tårer i ingenmandsland
små tårer fra øje til kind
små tårer fra skyer så mørke og grå
fra dybet i sjæl og i sind
små tårer skal synke i jorden
og medbringe trøst til de frø
som ligger og længes dernede
på forårets mildhed og tø

Der rinder små tårer i ingenmandsland
små tårer fra fronten i vest
som varmer det sind som just går henimod
den kølige efterårsblæst
de mørke og kuldskære dage
en dag vil de atter gå bort
og bane os vejen til lyset
det lys som for altid er vort

Der rinder små tårer i ingenmandsland
og danner på heden en bæk
vi har det som svalen der flyver af sted
som denne på efterårstræk
som svalen vi flyver mod lyset
langt borte hvor dette går ned
langt borte mod ukendte strande
mod varme og evigheds fred

Smagen af daggry

Daggryet smager af honning i dag
solen får øjne i øst
mens havet med lyseblåt glitrende skær
smykker vor vestlige kyst
brændingen slumrer og strækker sig lidt
ud mod den kommende dag
fra havet svagt høres skønt verden er tyst
dets hjertes tålmodige slag

Daggryet flirter og hvisker til mig
frække forførende ord
jeg sænker mit blik mens jeg ydmyg og bly
svarer det gør ikke spor
kind imod kind vandrer gryet og jeg
stråler som vandkantens rav
vi stråler som lyset derude mod øst
der favner det spejlblanke hav

Brændingen vågner og bølgerne slår
op over stranden igen
skønt gryet og jeg har for længst sagt farvel
finder jeg atter en ven
havet der har det som gryet i dag
smiler så venligt til mig
skønt smagen af honning er blevet lidt salt
dog kaster det sødme min vej

Daggryet smagte af honning i dag
smagen den varede ved
for dagen den sænkede skuldrene og
skænkede slumrende fred
brisen nu kysser en rød horisont
bringer de evige slag
af Nordsøens hjerte som ude i vest
smukt banker for endnu en dag

Sol og måne

Der er sol
der er måne
der er ting vi skal nå
der er fodspor på stranden
en hæl og en tå
på vor vej langs med havet
denne evige ven
sletter brændingen fodspor
igen og igen

Der er sol
der er måne
der er vind der er læ
der er ømhed ved havet
når vi går i knæ
foran kimingens alter
langt derude mod vest
er vi sandkorn på vej i
den stridsomme blæst

Der er sol
der er måne
der er ting vi formår
der er ting gennem strømmen
vi aldrig forstår
hvorfor stjernen den lyser
ganske klart på vor vej
midt i stilhedens mørke
på dig og på mig

Der er sol
der er måne
der er latter og gråd
der er fodspor af det som
vi aldrig fik nå'ed
på vor vej langs med havet
denne evige ven
sletter brændingen fodspor
igen og igen

Stilfærdige toner

Der spilles i gryet
stilfærdige toner
når lyset det fødes
langt ude mod øst
da mærker jeg hjertet
det banker til afsked
når natten vemodigt
forlader mit bryst
på sådan en morgen
hvor luften står stille
hvor vinden har mistet
sin livsenergi
da nyder vi solen
som synger i stilhed
da nyder vi daggryets
lystrylleri

En ny dag nu rystes
ud af sine folder
før denne forsigtigt
på ny trækkes på
da mærker jeg livet
i dag ikke strammer
og tror aldrig hjertet
vil helt gå i stå
på sådan en morgen
hvor luften står stille
hvor vinden har mistet
sin livsenergi
da nyder vi solen
som synger i stilhed
da nyder vi daggryets
lystrylleri

Det går imod aften
se dagen den rødmer
et undskyld for ondt der
blev gjort eller sagt
nu spilles der atter
stilfærdige toner
mens lyset det blegner
og mørket får magt
på sådan en aften
hvor luften står stille
hvor vinden har mistet
sin livsenergi
da blinkes til solen
som synger i stilhed
da nyder vi aftenens
lystrylleri

Stilhed ved havet

Alverden er stilhed
når lyset får fred
og dagens gardiner
igen rulles ned
se brændingen blunder
med vinden i øst
lidt hygge på puden
her langs vores kyst

Nu luften fortæller
at høst er på vej
snart bladene falder
på dig og på mig
i aften er vinden
igen vores ven
den aer os kærligt
igen og igen

Et vindpust på stranden
en bølge der slår
et blik fra en måge
vi ikke forstår
den letter og flyver
men fylder vort sind
farvel kære havfugl
vi ønsker god vind

Lyt bølgerne tier
nu lyset får fred
kun havet det sukker
mens solen går ned
vi har det som dagen
der just går på hæld
i stilhed ved havet
man mister sig selv

Stor, større, størst

Stor er vores kendte verden
skønt den fylder ganske lidt
blot en prik i universet
som jo breder sig så vidt

Stor er skovens myretue
stor er lærkens smukke sang
som fra himlen højt deroppe
lyder til os nok engang

Stort er gamle træers favntag
stor er havets stride strøm
større er vist hjertevarmen
midt i brystet kær og øm

Stor er konge stor er kejser
større dog den spage spurv
samt det engelskgræs som titter
op fra barnets blomsterkurv

Stor er afstanden til månen
skønt den synes ganske kort
når jeg sender mine tanker
og jeg ser dem svæve bort

Stor er hele jordens rigdom
større er vor sjælefred
størst er dog den lille tåre
som er tung af kærlighed

Storm fra øst

Stormen suser fra øst
her langs Skagerraks kyst
stranden folder sig ud imod vest
træet rejser nu op
dettes krogede krop
i den hårde den stridsomme blæst
sandet fyger af sted
nu hvor stranden er bred
gennem havskum og vindtørret tang
mågen har lidt besvær
i det brydsomme vejr
dog den øver forkølet sin sang

Der er regnvejr med hagl
der er bølgernes kagl
der er vrede hvor lyset får fred
og den stormfulde vind
trænger ind i mit sind
hvor den heldigvis lægger sig ned
for det hænder så tit
skønt vi mister hvert skridt
at vi sætter et spor på vor vej
og det holder jo bedst
når der ikke er blæst
og da leder det altid til dig

Tågebankens åg

Gusen gør det svært
for lys at trække vejret
disen ligger tung
og presser på mit bryst
mens tågebanken blunder
i drømme dybt beæret
vort daggry ånder sagte
langs Vesterhavets kyst

Gusen ligger tæt
og stranden ligger øde
blot et enkelt pust
bemærkes på min kind
kun længsler håb og drømme
ved havet holder møde
og famler rundt i tågen
samt inde i mit sind

Tågebankens åg
er ofte svær at bære
vægten tynger hårdt
i mangel på lidt blæst
mens bølgens ro bekræfter
at her er rart at være
den løfter tunge byrder
især med vind fra vest

Solen vågner op
og strækker sine arme
selv jeg rækker min
og ta'r dens hånd i øst
se tågebanken letter
den bringer lys og varme
og vejret atter trækkes
langs Vesterhavets kyst

Tågetid

Når et blad så sagte visner
når du ikke ta'r min hånd
når det føles svært at knytte
smukt og varigt venskabsbånd
når en byge rammer sindet
selv om den er ganske blid
er det svært at finde ord for
denne tunge tågetid

Når en fugleunge falder
ud fra redens trygge skjul
når ens tale lyder fattig
og aldeles tom og hul
når et håb i horisonten
nægter stejlt at komme hid
er det svært at finde fred i
denne tunge tågetid

Men når tågen atter letter
da ses himlen lys og klar
og blandt solens milde stråler
svære spørgsmål finder svar
midt i skyggetyvens verden
mangt blev kastet hid og did
nu blot mindes under himlen
fordums tunge tågetid

Tidevand

Efterår og vinter
forår sommerdag
tidevandet følger
livets timeslag
store mørke dybder
søens fællesgrav
hvorfra svagt man hører
havets åndedrag

Skridt for skridt vi vandrer
sætter vore spor
stirrer på hinanden
siger et par ord
frem derpå tilbage
tiden synes kort
tidevandet skyller
hvert et fodspor bort

Sommerfuglevinger
høst og vinterdag
tidevandet tæller
livets timeslag
tidevandet hvisker
læner sig lidt frem:
Ind til evigheden
står min dør på klem

Tur med hunden

Sandet fyger bølger brøler
fodspor sættes i mit sind
lange skridt med bøjet nakke
mod en stærk sydvestenvind
regnvejrsbyger
solens stråler
vejret er en drillepind
dog jeg mærker kærligheden:
Havets skumkys
på min kind

I plantagen stormen hviler
den har sat sig i et træ
puster ud mod selve toppen
strækker ankler ben og knæ
på min tur langs
skovens stier
følger noget mig på vej
og jeg mærker kærligheden:
Skovens duft som
favner mig

Hjemme i vor varme stue
mærkes roen i mit sind
hunden siger tak for turen
slikker blidt min kolde kind
og jeg hører
nu din stemme
denne gammelkendte røst
atter mærkes kærligheden:
Hjertets uro
i mit bryst

Tusind lys

Dagen glider ned bag havet
trækker let i mørkets snor
puster ild mod aftenhimlen
hvor de tusind stjerner bor
marehalmen duver sagte
mens den hvisker sit farvel
til den vind som søvnigt nikker
strækker sig og går på hæld

Stranden ligger ganske øde
havets brænding slumrer blidt
lister sig af sted på sandet
som nu også blunder lidt
dagens blæst har fået afløb
for sit blinde raseri
og nu vises frem den blidhed
som den gemmer indeni

Dagen glider ned bag havet
os den skænker nattens fred
og på himlen tusind stjerner
træder nu i dagens sted
tusind lys i nattemørket
tusind lys på himlens hvælv
tusind lys af håb og drømme
som nu tændes i os selv

Tusind lys på nattehimlen
mørkets smukke blomsterflor
som i verdensrummet danner
evighedens jubelkor
morgengryets andenstemme
former glad og rosenrød
mindeord som genopliver
aftenhimlens varme glød

Vejrlig

Havet ligger tungt og blygråt
himlen virker ligeså
sindet står i sjap og regnvejr
hvor dets tanker gik i stå
livets længsler håb og drømme
ligger trætte hver for sig
i en heftig regnvejrsbyge
gik de alle hver sin vej

Himlens skyer atter spredes
smalle øjne åbnes op
søvnige på morgenhimlen
når de både sjæl og krop
himlen piller nattesøvnen
ud fra øjets ydre kant
derpå kalder den på solen
som i dagevis forsvandt

Solens mange stærke stråler
rusker dagligdagen fri
et par dryp fra taget slutter
vejrets våde melodi
vestenvinden sagte sukker
stryger let min venstre kind
tørrer dybe regnvejrspytter
som blev lagret i mit sind

Solen smiler bredt og venligt
mens den maler himlen blå
sindet vandrer atter højlydt
og dets tanker ligeså
livets længsler håb og drømme
de har atter fundet hjem
hvor de lader hoveddøren
stå en anelse på klem

Velbefindende

Jeg befinder mig bedst
iblandt hyben og havtorn
og på midten af stranden
blandt fygende sand
og på tur langs med havet
når bølgen den kaster
sin stemme så smuk fra
det dragende vand

Jeg befinder mig bedst
når jeg ser mågen svæve
ubesværet mod vinden
som er i nordvest
jeg fornemmer jeg gerne
vil være som mågen
blot ta' det med ro i
den stridsomme blæst

Jeg befinder mig bedst
når jeg går i plantagen
og et lysglimt blandt bøge
har klædt sig i grønt
da jeg mærker mit hjerte
det springer fra brystet
og løber mod lyset
vidunderligt skønt

Jeg befinder mig bedst
her hvor lyngen den blomstrer
her hvor bierne elsker
med disse i flok
og derude på heden
jeg ser to fasaner
som følger hinanden
en høne en kok

Jeg befinder mig bedst
iblandt hyben og havtorn
når just bygen har skænket
os duften af regn
og med et jeg kan føle
den selvsamme glæde
som sneglen der kommer
helt frelst over vej'n

Verdens smil

Når havgusen letter
i solstrålers skær
når atter jeg mærker
at du står mig nær
og når lyset i sindet
igen er på vej
ja på sådan en dag
smiler verden til mig

Når bølgerne brydes
og ruller mod land
når brændingen skyller
en sten ren for sand
og når denne da viser
et kønt kontrafej
ja på sådan en dag
smiler verden til mig

Når klitrosen danser
til blæstens musik
når atter jeg føler
dit kærlige blik
og når hjerterne fanges
af fingre i leg
ja på sådan en dag
smiler verden til mig

Når sollyset synker
og viser den ild
som synger fra himlen
så sagte og mild
og når to hænder mødes
på tusmørkets vej
ja på sådan en dag
smiler verden til mig

Vesterhavets poesi

Der er mange stærke strømme
som kan gribe fat i mig
en kan føre ned mod sindets
store dybder på dens vej
den kan lede gennem bølger
hvor man finder indeni
håbets kønne mosaikker
Vesterhavets poesi

Tusindvis af strandens sandkorn
fyger langs den smukke kyst
blæstens sus henover havet
fylder hjertet i mit bryst
havets mange toner danner
evighedens symfoni
længslers smukke håndskrift skriver
Vesterhavets poesi

Havets brænding sagte nynner
mågen danser elegant
på dens længselsfulde vej mod
horisontens fjerne kant
der hvor solnedgangen skaber
aftenlysets gyldne sti
mine drømme læser langsomt
Vesterhavets poesi